D1687100

© SchauHoer Verlag, Pulheim 2014
Autorin: Elke Schlösser
Illustrationen und Titelbild: Laura von Husen
Satz und Layout: Uwe Steinmayer, Atelier am See

Printed in Malaysia 2014
ISBN 978-3-940106-15-5

Elke Schlösser

Sonja
IST WICHTIG!

Mit Illustrationen von Laura von Husen

„Wenn ich ein Vöglein wär, und auch zwei Flügel hätt, flög ich zu dir …", singt Oma leise mit sanfter Stimme vor sich hin. Sie sitzt auf dem Küchenstuhl am offenen Fenster. Da sitzt sie oft, seit sie bei Mama, Papa, Susanne und Sonja wohnt. Sie sitzt ganz ruhig dort. Ihre vielen grauen Löckchen wippen nicht wie sonst, als sie noch so fröhlich war. Die Sonne scheint warm durchs Fenster und Oma schaut in die weißen Wolken. Sie denkt an Opa. Manchmal lächelt sie dabei. Opa und sie waren ein feines Paar, das viel lachte. Opa lebt nicht mehr.

„Nein", ruft Sonja, die Oma schon eine Weile von der Tür aus still beobachtet hat. „Flieg nicht weg! Dann habe ich ja keine Oma mehr!"

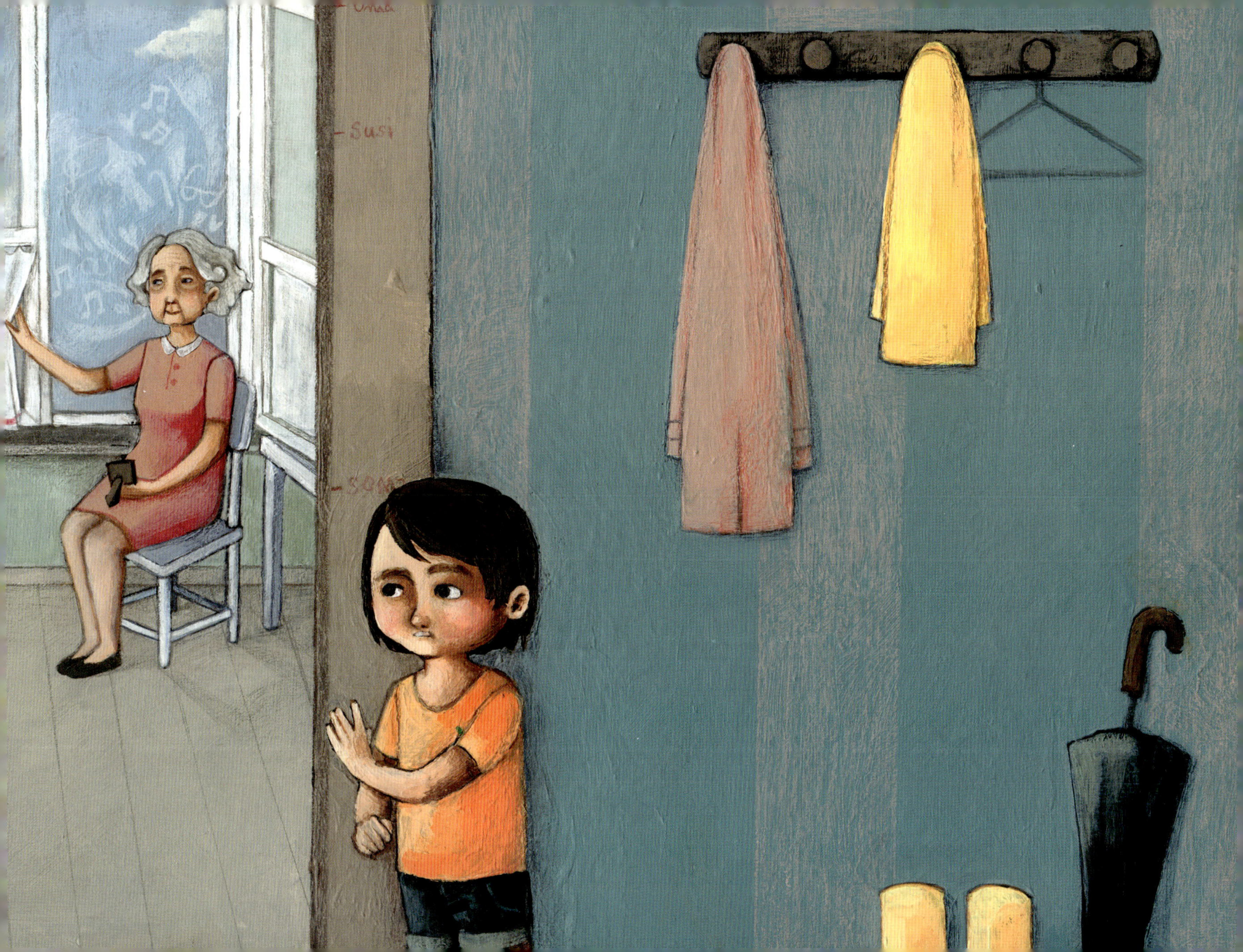
Susi

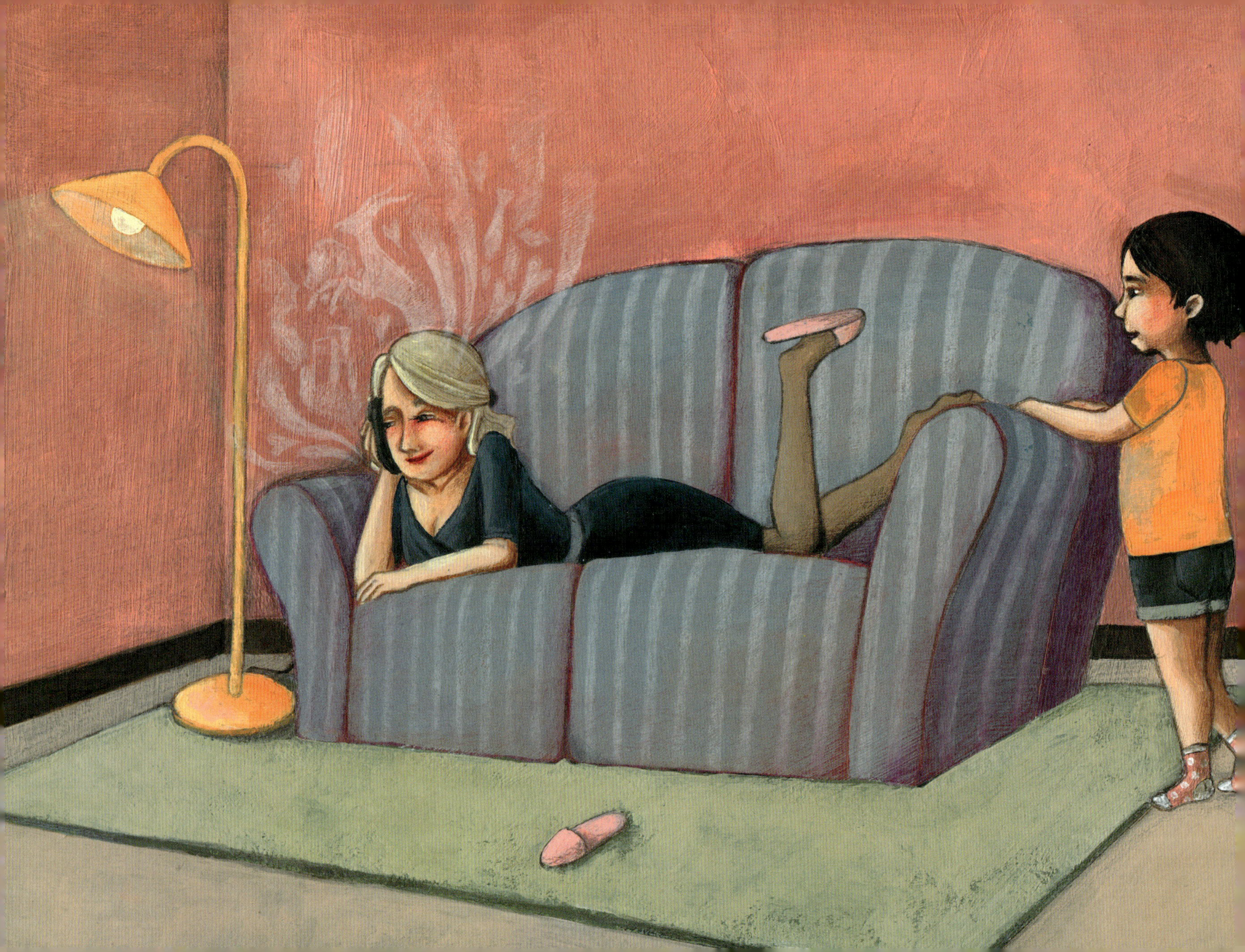

„Ach, wäre ich doch nur eine Gazelle! Ich würde mit ganz großen Sprüngen zu dir nach Hamburg springen!", säuselt Mama ins Telefon. Mama hat die ganze Welt um sich herum vergessen. Wenn sie mit Papa telefoniert, will sie auf keinen Fall gestört werden! Papa hört ihr zu. Dass Mama ihn vermisst, gefällt ihm sehr. Papa muss noch eine Woche in Hamburg arbeiten. Dann kommt er wieder nach Hause. Darauf freut sich Mama. Sie fühlt sich oft allein, obwohl Sonja doch auch noch da ist. Mama ist immer noch sehr verliebt in Papa!

Schnell ruft Sonja laut: „Nein, Mama! Spring nicht weg! Dann bin ich ja ganz allein!"

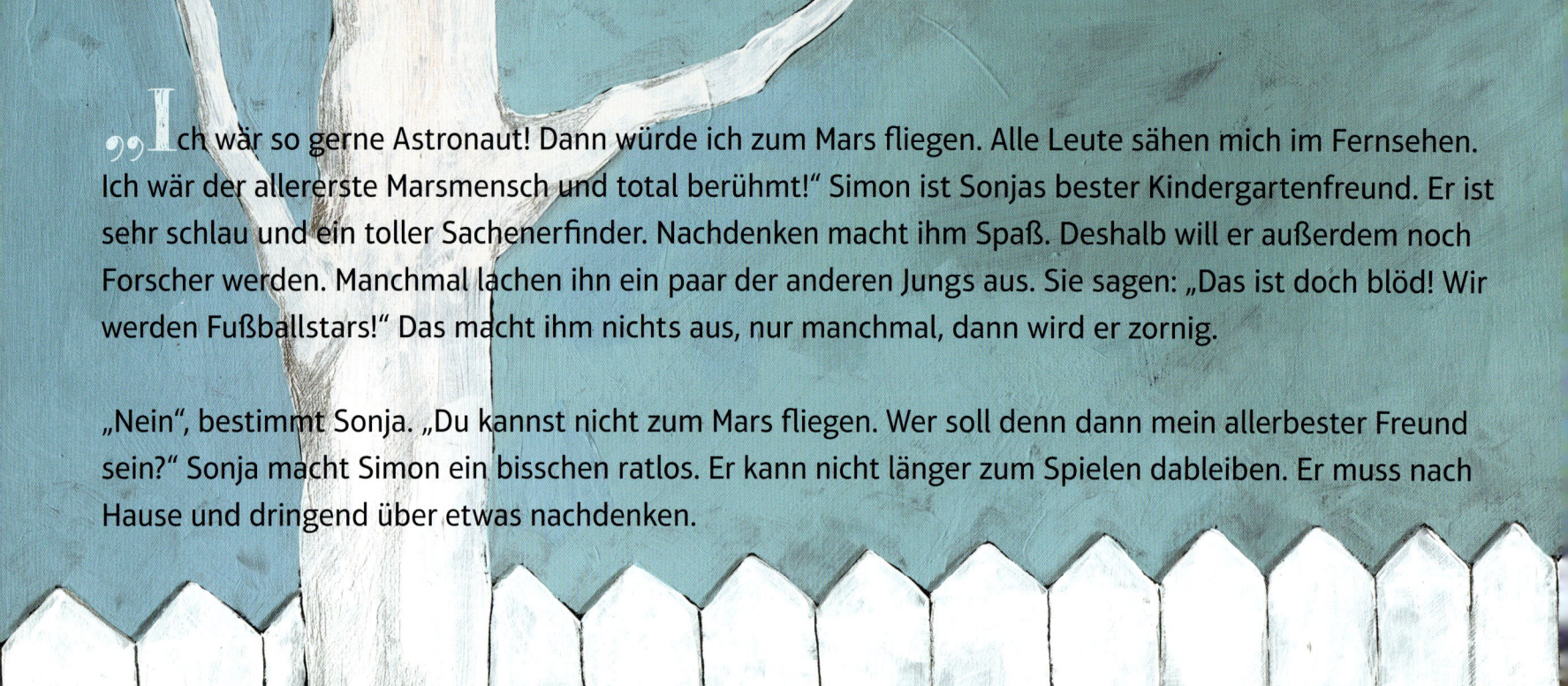

„Ich wär so gerne Astronaut! Dann würde ich zum Mars fliegen. Alle Leute sähen mich im Fernsehen. Ich wär der allererste Marsmensch und total berühmt!" Simon ist Sonjas bester Kindergartenfreund. Er ist sehr schlau und ein toller Sachenerfinder. Nachdenken macht ihm Spaß. Deshalb will er außerdem noch Forscher werden. Manchmal lachen ihn ein paar der anderen Jungs aus. Sie sagen: „Das ist doch blöd! Wir werden Fußballstars!" Das macht ihm nichts aus, nur manchmal, dann wird er zornig.

„Nein", bestimmt Sonja. „Du kannst nicht zum Mars fliegen. Wer soll denn dann mein allerbester Freund sein?" Sonja macht Simon ein bisschen ratlos. Er kann nicht länger zum Spielen dableiben. Er muss nach Hause und dringend über etwas nachdenken.

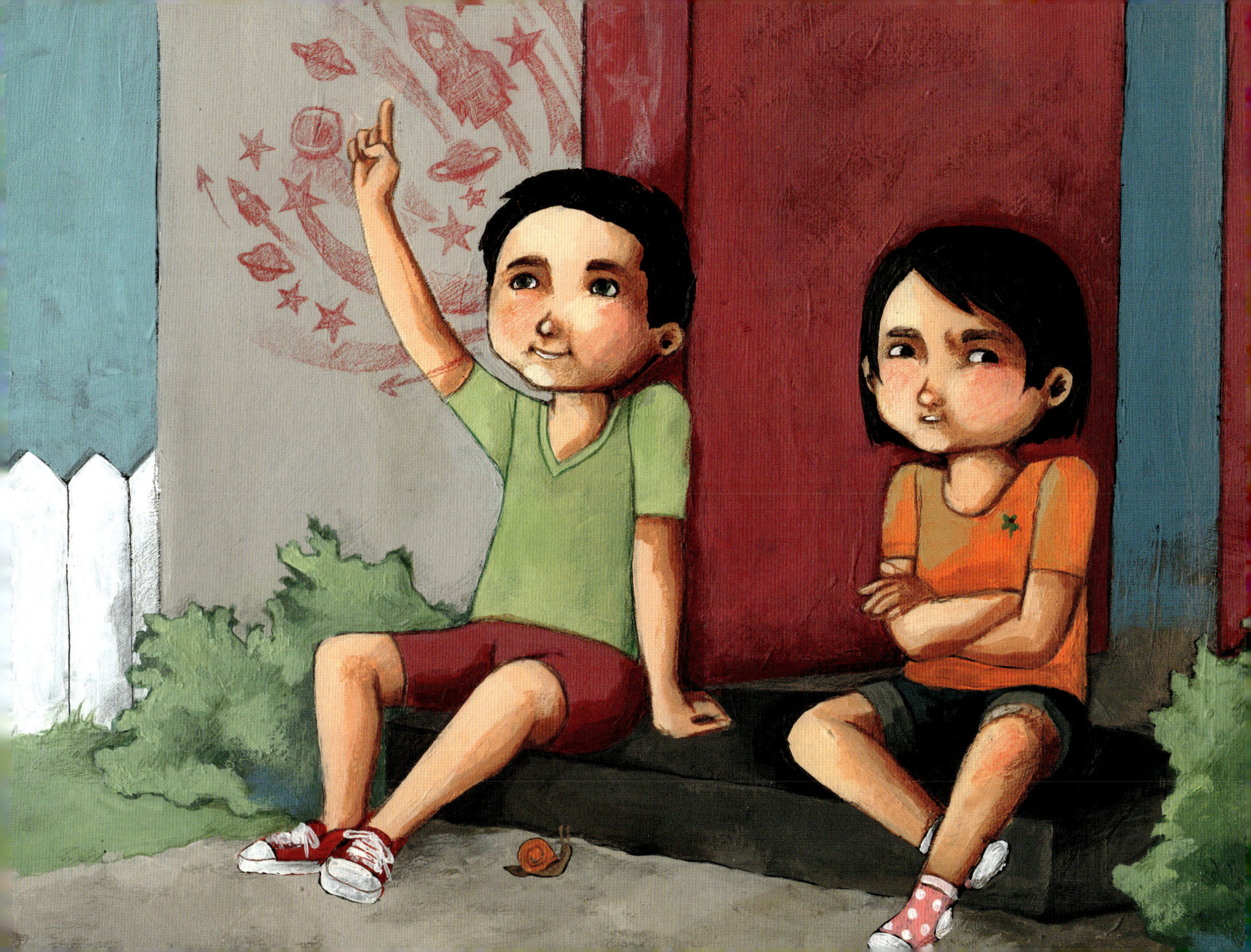

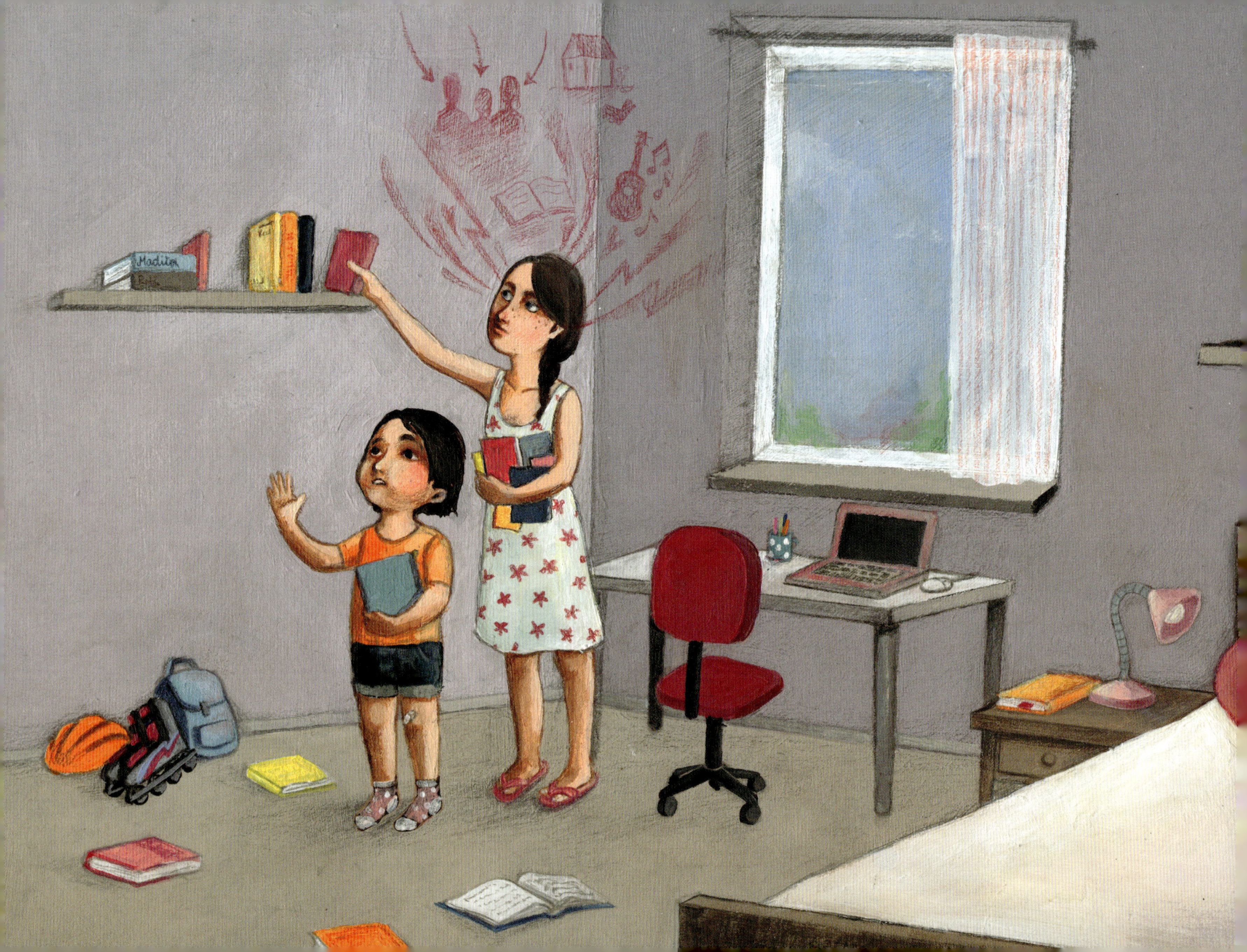
Madita

„Du nervst! Kannst du mich nicht wenigstens in meinem Zimmer in Ruhe lassen? Immer bringst du mir alles durcheinander! Wäre ich doch nur ein Einzelkind! Ich würde mir am liebsten eine neue Familie suchen!" Susanne stöhnt. Sie verdreht die Augen. Sie schaut auf das Chaos, das Sonja mit ihren Büchern angerichtet hat. Susanne hat es gerne still und sie liebt ihre Bücher. Dann fängt sie an, die herumliegenden Bücher zu sortieren und stapelt sie sorgsam auf die Regalbretter.

Sonja steht ratlos daneben. *Wie soll man denn in die vielen Bücher schauen, ohne sie durcheinander zu bringen?* fragt sie sich. „Nein", jammert sie. „Bleib hier bei uns, sonst habe ich doch keine große Schwester mehr!"

"Miau!", schreit der Kater. Er verzieht sich zur Tür. Sonja hat ihm auf die Pfote getreten. Erschrocken und beleidigt schaut er sich nach Sonja um. Sie soll ihm die Tür aufmachen. Er will hinaus und erst sehr spät wiederkommen, wenn Sonja schon im Bett liegt und schläft. *Wäre ich doch nur bei Leuten ohne Kinder zu Hause!* denkt der Kater.

"Oh, hoppla! Hab ich dir wehgetan? Komm her zu mir, du armer, kleiner Kater!", lockt ihn Sonja. "Ich wollte dir nicht wehtun. Lauf nicht weg, sonst habe ich doch niemanden mehr zum Streicheln!"

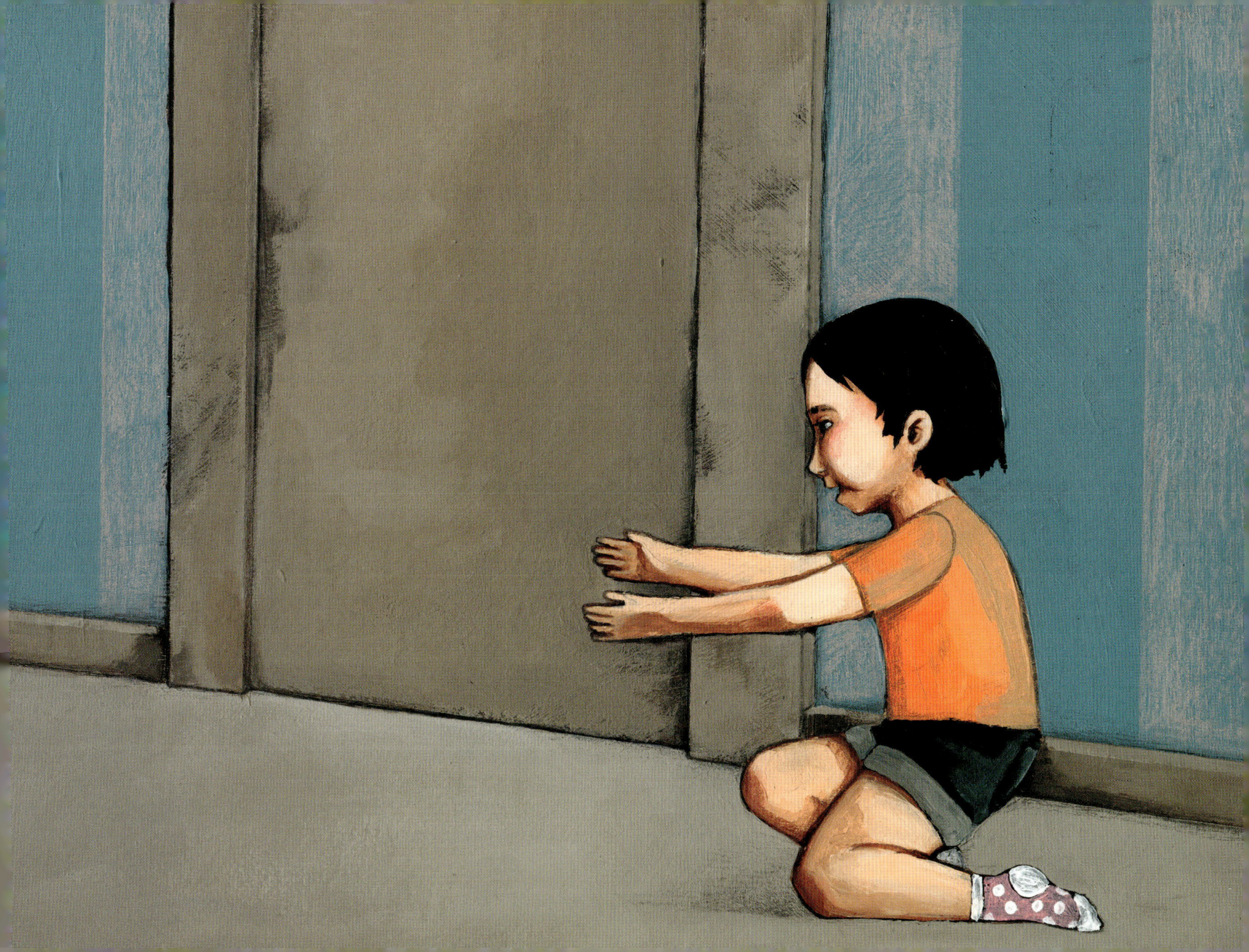

Sonja steht im Flur. Was soll sie nur machen? Alle wollen weg! Sonja ist ein bisschen traurig. Sie möchte, dass die Anderen das merken. Sie seufzt zuerst leise vor sich hin. Dann aber ruft sie laut: „Wäre ich doch nur eine Prinzessin! Ich ginge ganz weit weg und suchte mir ein Schloss. Alle Leute auf dem Schloss haben mich dann gerne. Sie werden mit mir singen und toben und lachen und viele witzige Sachen machen." Und sie ruft gleich hinterher: „Ja, damit ihr es wisst: Alle Schlossleute finden mich ganz supertoll!".

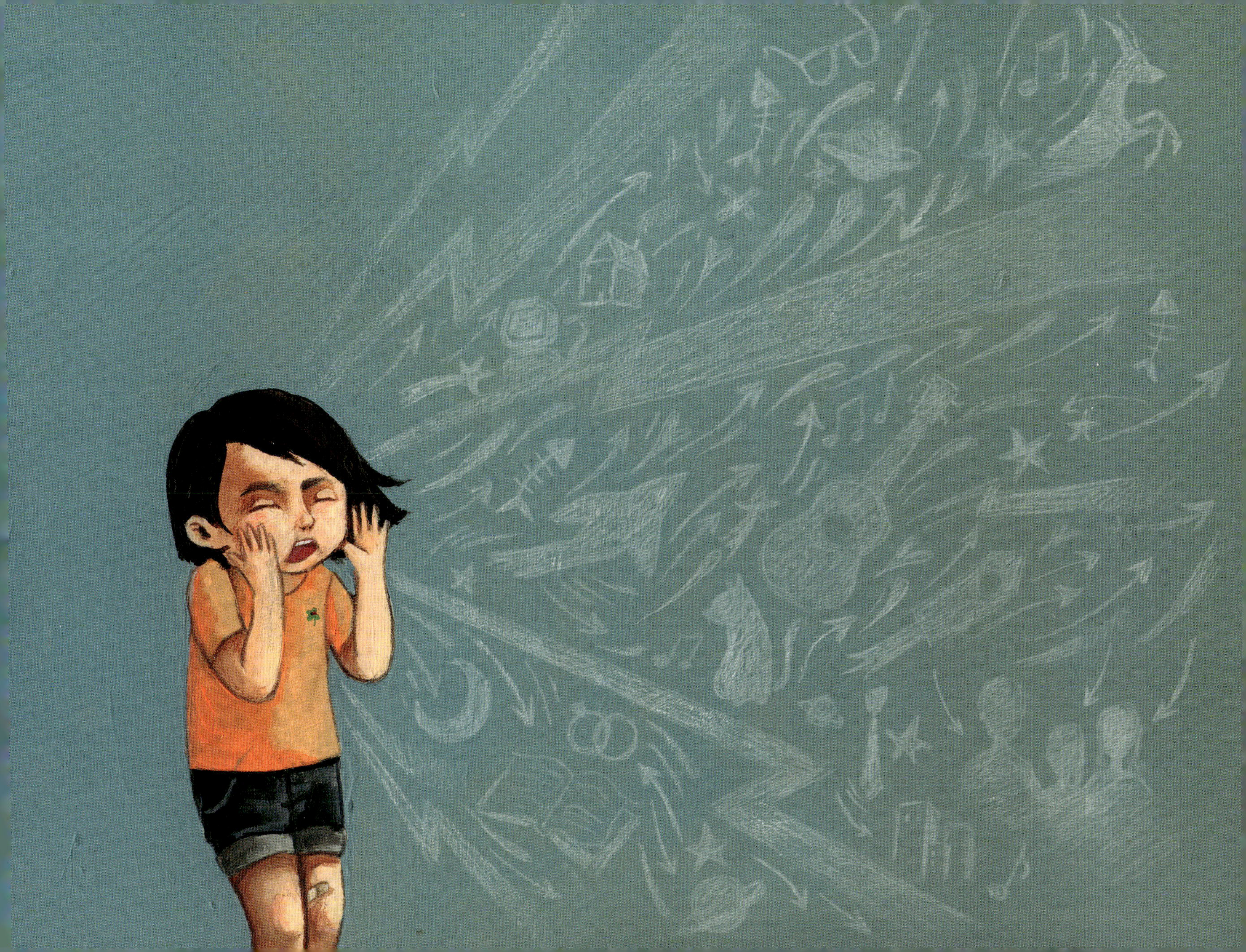

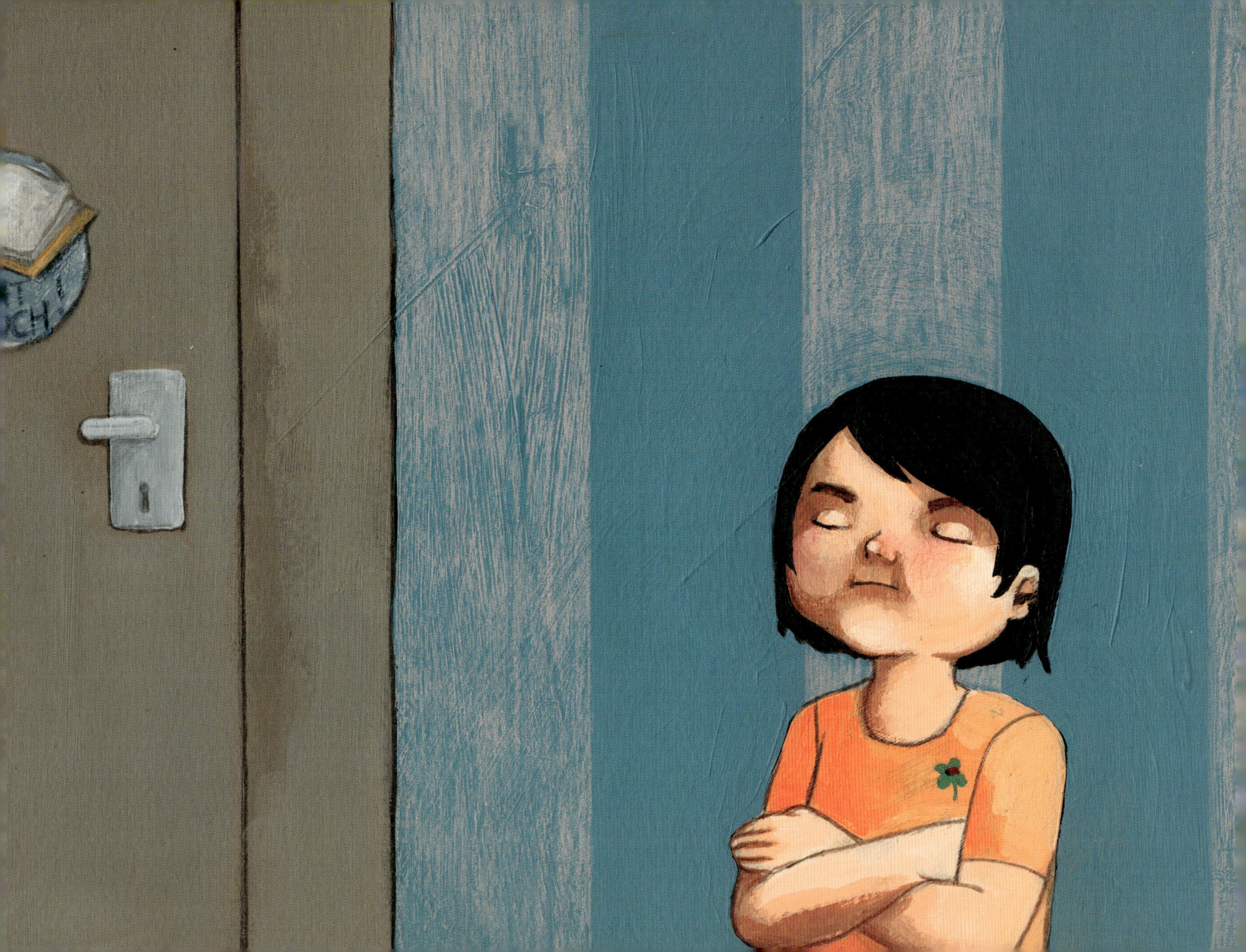

Oma guckt aus der Küchentür heraus. „Nein", ruft sie erschrocken. „Dann habe ich doch keine Enkelin mehr. Und wem soll ich dann all meine schönen Geschichten über Opa erzählen?"

„Bitte nicht!", ruft Mama, die schnell vom Wohnzimmer in den Flur gelaufen kommt. „Wer soll mich dann trösten, wenn Papa ein paar Tage weg ist? Wer bringt mich dann wieder zum Lachen? Das kann nur meine Sonja! Sonst habe ich doch auch keine kleine Tochter mehr."

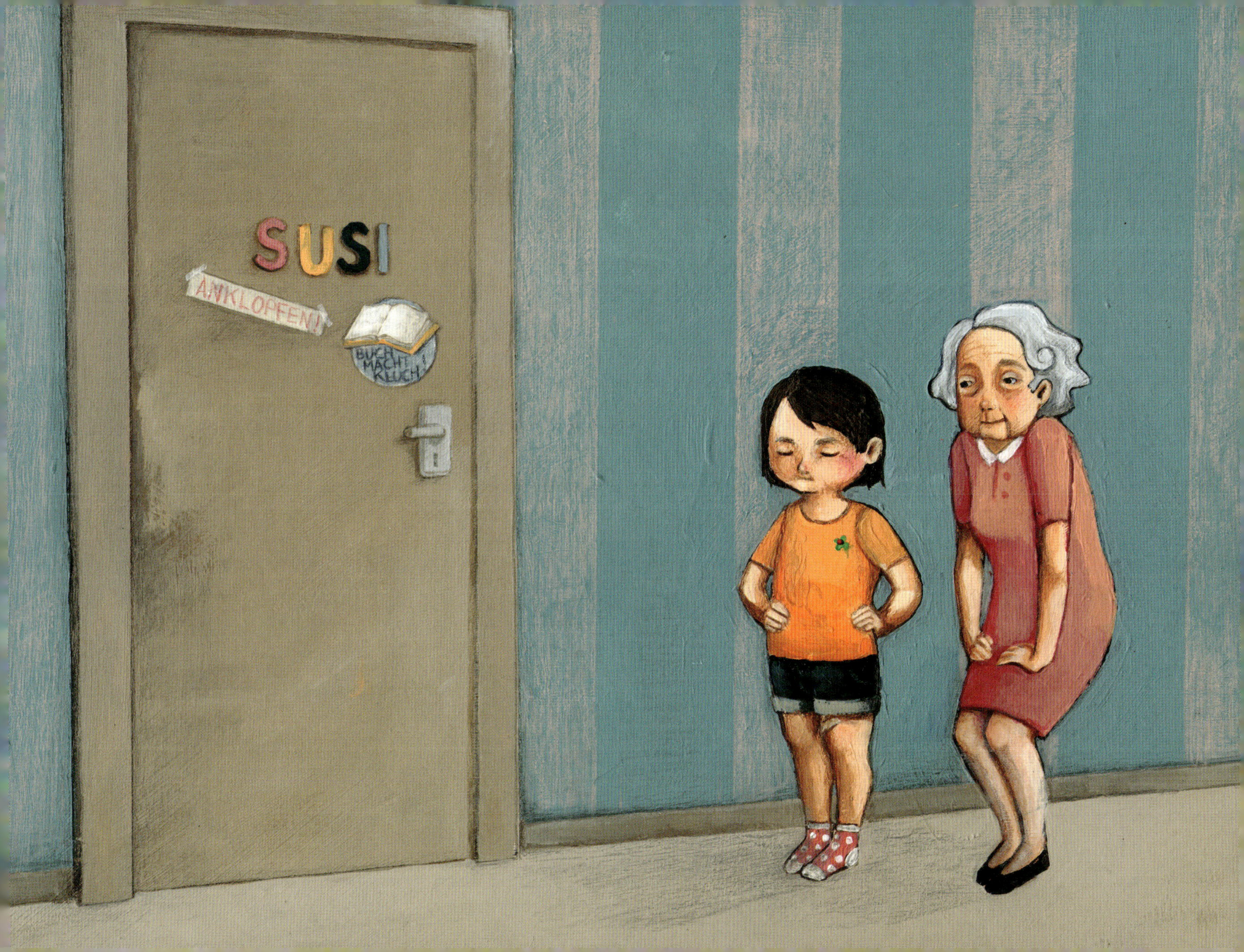
SUSI
ANKLOPFEN!
BUCH MACHT KLUCH!

„**D**as geht nicht!", meldet sich Simon, der gerade wieder durch die Tür hereinspaziert kommt. „Du willst weg? Bloß nicht, ich muss dir von meiner neuen genialen Erfindung erzählen. Du wirst vielleicht staunen! Außerdem hätte ich ja gar keine allerallerbeste Freundin mehr und müsste mir eine neue suchen. Nein, das will ich nicht! Basta!"

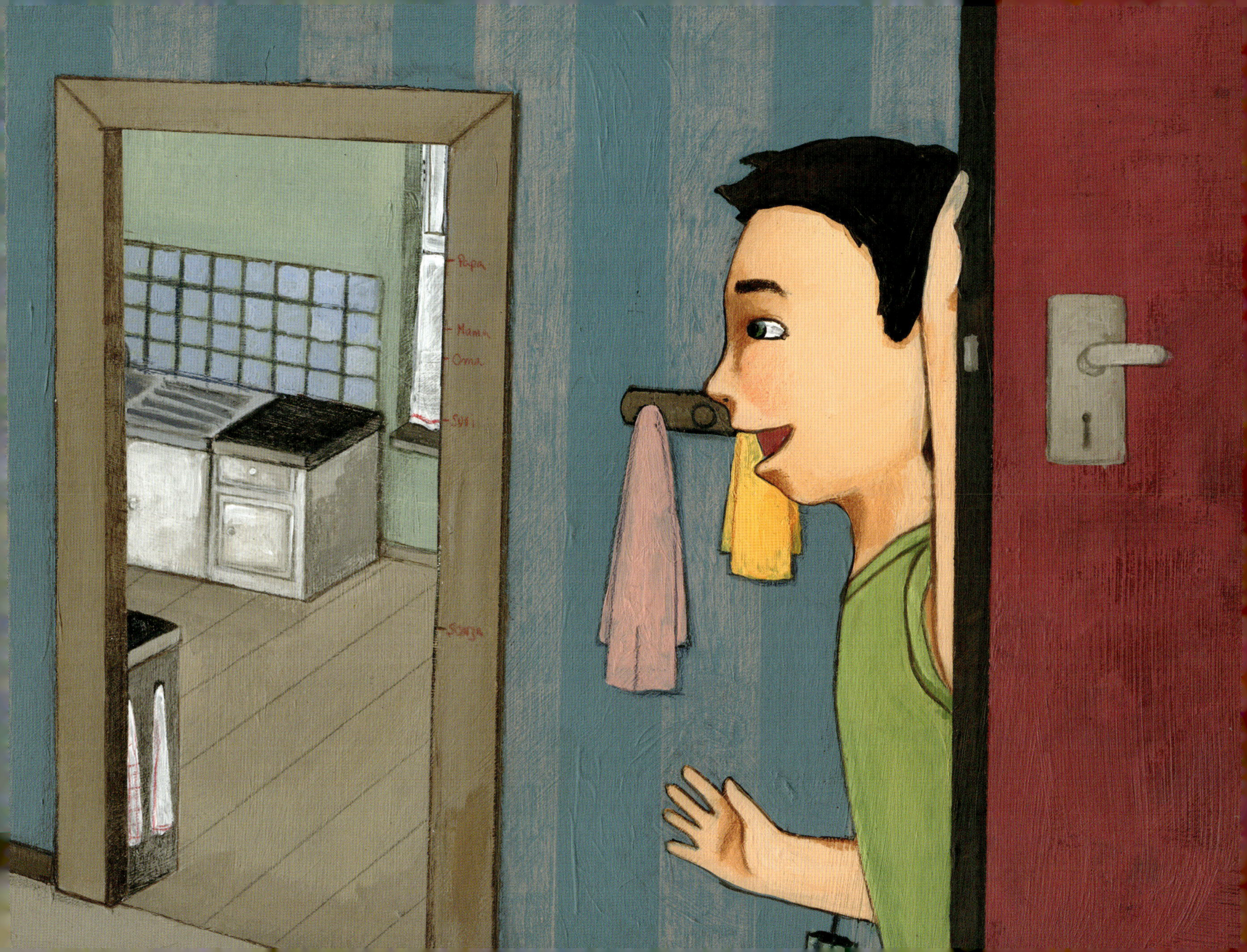
Papa
Mama
Oma
Sonja

Auch Susanne hat die große Aufregung auf dem Flur gehört und sieht verwundert nach, was eigentlich passiert ist. Komisch, Sonja will weg? Irgendwie geht das auch nicht. „Na gut. So war das doch eben nicht gemeint! Wenn du willst, lese ich dir gleich eine Geschichte vor. Bitte bleib hier, sonst habe ich doch keine kleine Schwester mehr!" Susanne guckt Sonja nachdenklich an und gibt ihr ganz schnell einen dicken Schmatz auf die Wange.

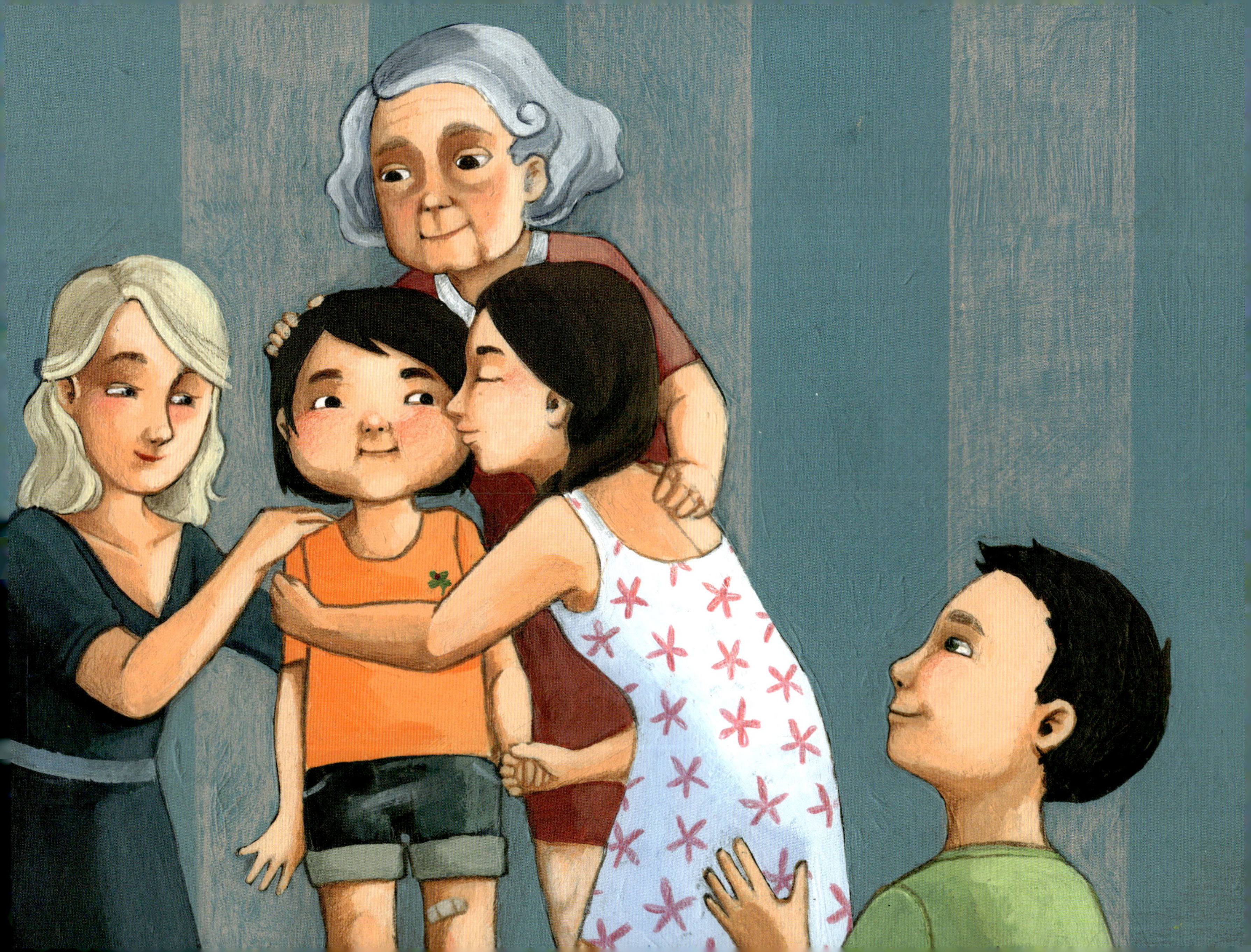

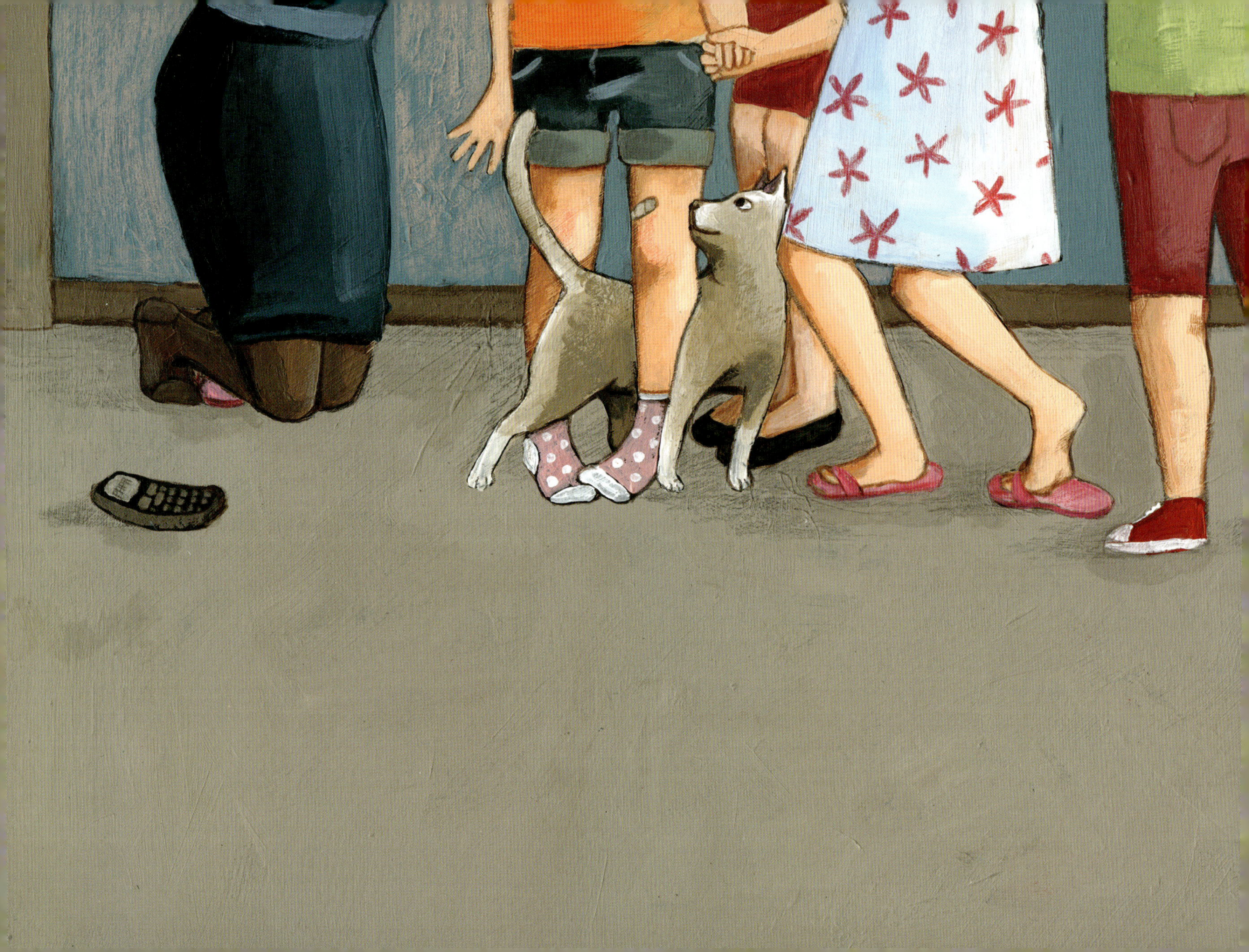

Der Kater beobachtet die beiden Schwestern aufmerksam. *Was ist heute hier nur los?* denkt er verwundert. Er streicht den Mädchen leise maunzend um die Beine. Er will unbedingt dazu gehören.

Nachdenklich schaut Sonja in die Runde.
Plötzlich sind alle da und schauen sie an.
„Upps!", grinst Sonja zufrieden und fragt:
„Bin ich denn etwa wichtig?!"

„Aber sicher!", sagt Oma.
„Auf jeden Fall!", ergänzt Mama.
„Na klar!", ruft Simon.
„Was dachtest du denn?", fragt Susanne.
„Miau!", tönt der Kater…

… und alle müssen ganz laut lachen!